dtv

Dieses Buch fängt den Winter ein: den Zauber von Eis und Schnee, das sehnsüchtige Warten auf Weihnachten, den Beginn des neuen Jahres und die Vorfreude auf den kommenden Frühling. Sechzig Dichter vom Barock bis in die Gegenwart laden ein, die letzte Jahreszeit mit ihnen zu erleben. Abseits von der lärmenden Welt des Kommerz weisen ihre Gedichte den Weg zurück in eine Zeit der Stille, wecken Erinnerungen an winterliche Landschaften, an besinnliches Beisammensein und vertraute Feste, die sich um den Jahreswechsel gruppieren. Unter den rund einhundert Gedichten finden sich Bekanntes, aber auch Neuentdeckungen für Lyrikfreunde.

Gudrun Bull, in München lebende Germanistin, hat bereits zahlreiche Anthologien herausgegeben: neben Prosasammlungen auch die Lyrikbände ›So schöne Blumen blühn für Dich‹ (dtv 20870) und ›Gedichte für einen Herbsttag‹ (dtv 13807).

Gedichte für einen Wintertag

Herausgegeben
von Gudrun Bull

Deutscher Taschenbuch Verlag

Von Gudrun Bull
sind im Deutschen Taschenbuch Verlag erschienen:
Ich wollt' ein Sträußlein binden (13638)
Winter rund um die Welt (13710)
Gedichte für einen Herbsttag (13807)
Weihnachten rund um die Welt (13820)
Nicht nur zur Osterzeit (20885)
So schöne Blumen blühn für Dich (20870)

Ausführliche Informationen über unsere Autoren und Bücher sowie Themen, die Sie interessieren, finden Sie auf unserer Website
www.dtv.de

Originalausgabe
Oktober 2007
3. Auflage November 2009
Deutscher Taschenbuch Verlag GmbH & Co. KG, München

Umschlagkonzept: Balk & Brumshagen
Umschlagfoto: mauritius images/imagebroker.net
Gesetzt aus der Bembo 10/12·
Gesamtherstellung: Druckerei C. H. Beck, Nördlingen
Gedruckt auf säurefreiem, chlorfrei gebleichtem Papier
Printed in Germany · ISBN 978-3-423-13604-4

Inhalt

I

Wenn es Winter wird

Seht meine lieben Bäume an,
Wie sie so herrlich stehn,
Auf allen Zweigen angetan
Mit Reifen wunderschön!

Matthias Claudius

Gottfried Benn
1886–1956

Rauhreif

Etwas aus den nebelsatten
Lüften löste sich und wuchs
Über Nacht als weißer Schatten
Eng um Tanne, Baum und Buchs.

Und erglänzte wie das Weiche
Weiße, das aus Wolken fällt,
Und erlöste stumm in bleiche
Schönheit eine dunkle Welt.

Christian Morgenstern
1871–1914

Zu Golde ward die Welt

Zu Golde ward die Welt;
Zu lange traf
Der Sonne süßer Strahl
Das Blatt, den Zweig.
Nun neig
Dich, Welt hinab
In Winterschlaf.

Bald sinkt's von droben dir
In flockigen Geweben
Verschleiernd zu –
Und bringt dir Ruh,
O Welt,
O dir, zu Gold geliebtes Leben,
Ruh.

Joseph von Eichendorff
1788–1857

Der Vögel Abschied

Ade, ihr Felsenhallen,
Du schönes Waldrevier,
Die falben Blätter fallen,
Wir ziehen weit von hier.

Träumt fort im stillen Grunde!
Die Berg stehn auf der Wacht,
Die Sterne machen Runde
Die lange Winternacht.

Und ob sie all verglommen,
Die Täler und die Höhn –
Lenz muß doch wiederkommen
Und alles auferstehn!

Matthias Claudius
1740–1815

Ein Lied vom Reifen

Seht meine lieben Bäume an,
Wie sie so herrlich stehn,
Auf allen Zweigen angetan
Mit Reifen wunderschön!

Von unten an bis oben 'naus
Auf allen Zweigelein
Hängt's weiß und zierlich, zart und kraus.
Und kann nicht schöner sein;

Und alle Bäume rundherum
All alle weit und breit
Stehn da, geschmückt mit gleicher Ehr,
In gleicher Herrlichkeit.

[...]

Wir sehn das an, und denken noch
Einfältiglich dabei:
Woher der Reif, und wie er doch
Zustande kommen sei?

Denn gestern abend, Zweiglein rein!
Kein Reifen in der Tat! –
Muß einer doch gewesen sein
Der ihn gestreuet hat.

Franz Grillparzer
1791–1872

Wintergedanken

Willst du, Seele, nicht mehr blühen,
Da vorbei des Sommers Flucht?
Oder wenn der Herbst erschienen,
Warum gibst du keine Frucht?

War vielleicht zu reich dein Blühen,
War zu bunt der Farben Licht?
Denn die Blüten geben Früchte,
Aber, ach, die Blumen nicht.

Klabund
1890–1928

Winterschlaf

Indem man sich nunmehr zum Winter wendet,
Hat es der Dichter schwer,
Der Sommer ist geendet,
Und eine Blume wächst nicht mehr.

Was soll man da besingen?
Die meisten Requisiten sind vereist.
Man muß schon in die eigene Seele dringen –
Jedoch, da haperts meist.

Man sitzt besorgt auf seinen Hintern,
Man sinnt und sitzt sich seine Hose durch, –
Da hilft das eben nichts, da muß man eben überwintern
Wie Frosch und Lurch.

Friedrich Nietzsche
1844–1900

Vereinsamt

Die Krähen schrei'n
und ziehen schwirren Flugs zur Stadt:
bald wird es schnei'n, –
wohl dem, der jetzt noch – Heimat hat!

Nun stehst du starr,
schaust rückwärts, ach! wie lange schon!
Was bist du Narr
vor Winters in die Welt entflohn?

Die Welt – ein Tor
zu tausend Wüsten stumm und kalt!
Wer das verlor,
was du verlorst, macht nirgends halt.

Nun stehst du bleich,
zur Winter-Wanderschaft verflucht,
dem Rauche gleich,
der stets nach kältern Himmeln sucht.

Flieg, Vogel, schnarr
dein Lied im Wüstenvogel-Ton! –
Versteck, du Narr,
dein blutend Herz in Eis und Hohn!

Die Krähen schrei'n
und ziehen schwirren Flugs zur Stadt:
bald wird es schnei'n, –
weh dem, der keine Heimat hat!

Christine Busta
* 1915

Rauhreif

Alles ist Blüte geworden,
Frostblüte,
Nebelgedicht.

Mit gläsernen Zweigen
läutet der Weg
ins weiße Exil der Raben.

Gottfried Kölwel
1889–1958

Vor dem Schneefall

Im späten abendlichen Raum
veratmet herbstlich Haus an Haus,
als löschte mit dem grauen Saum
ihr letztes warmes Leben aus.

Der Kirchturm, der sich mächtig glaubt,
ein Trotz aus wetterfestem Stein,
duckt schon das kuppelige Haupt
und schrumpft zum grauen Schemen ein.

Wie selbst der abendblaue Wald
die Seide ablegt und verstummt
und sich, vom Ahnen überwallt,
in graue Pelze dicht vermummt.

Die nackten Birken aber stehn
angstdünn im Raum des Nebelsees
und wittern schauernd schon das Wehn
und schwer die Last des ersten Schnees.

Ulla Hahn
* 1946

Winterlied

Als ich heute von dir ging
fiel der erste Schnee
und es machte sich mein Kopf
einen Reim auf Weh.

Denn es war die Kälte nicht
die die Tränen mir
in die Augen trieb es war
vielmehr Ungereimtes.

Ach da warst du schon zu weit
als ich nach dir rief
und ich fragte wer die Nacht
in deinen Reimen schlief.

Hermann Hesse
1877–1962

Wanderer im Spätherbst

Durch kahlen Waldes Astgeflecht
Sinkt weiß aus grauen Lüften erster Schnee
Und sinkt und sinkt. Wie ward die Welt so stumm!
Kein Blatt das rauscht, kein Vogel im Gezweig,
Nur Weiß und Grau und Stille, Stille.

Der Wandrer auch, der grün und bunte Monde
Durchwanderte mit Laute und Gesang,
Ist stumm geworden und der Freude müd,
Des Wanderns müd, der Lieder müd.
Ihn schauert, aus den kühlen grauen Höhn
Weht Schlaf ihn an, und leise sinkt
Und sinkt der Schnee ...

Noch spricht aus fernem Frühling her
Und hingewelktem Sommerglück Erinnerung
Mit blaß verwehenden Bildern:
Kirschblütenblätter schleiernd durch ein Blau,
Ein holdes lichtes Blau –
Mit zartem Flügelzittern hängt am Halm
Ein junger Falter braun und gold –
Aus laulicht feuchter Sommerwaldnacht
Sehnsüchtig langgezognes Vogellied ...

Der Wandrer nickt den lieben Bildern zu:
Wie war das schön! Und manches flattert noch
Aus jenem Einstmals auf, glänzt und erlischt:
Ein dunkelsüßer Blick aus Liebesaugen –
Ein Nachtgewitter, Blitz und Sturm im Schilf –
Ein Flötenlied aus fremdem Abendfenster –
Ein greller Häherschrei im Morgenwald …

Annette von Droste-Hülshoff
1797–1848

Ein milder Wintertag

An jenes Waldes Enden,
Wo still der Weiher liegt
Und längs den Fichtenwänden
Sich lind Gemurmel wiegt;

Wo in der Sonnenhelle,
So matt und kalt sie ist,
Doch immerfort die Welle
Das Ufer flimmernd küßt:

Da weiß ich, schön zum Malen,
Noch eine schmale Schlucht,
Wo all die kleinen Strahlen
Sich fangen in der Bucht;

Ein trocken, windstill Eckchen
Und so an Grüne reich,
Daß auf dem ganzen Fleckchen
Mich kränkt kein dürrer Zweig.

Will ich den Mantel dichte
Nun legen übers Moos,
Mich lehnen an die Fichte
Und dann auf meinen Schoß

Gezweig und Kräuter breiten,
So gut ich's finden mag:
Wer will mir's übel deuten,
Spiel ich den Sommertag?

Will nicht die Grille hallen,
So säuselt doch das Ried;
Sind stumm die Nachtigallen,
So sing ich selbst ein Lied.

Und hat Natur zum Feste
Nur wenig dargebracht:
Die Lust ist stets die beste,
Die man sich selber macht.

Hilde Domin
1909–2006

Winter

Die Vögel, schwarze Früchte
in den kahlen Ästen.
Die Bäume spielen Verstecken mit mir,
ich gehe wie unter Leuten
die ihre Gedanken verbergen
und bitte die dunklen Zweige
um ihre Namen.

Ich glaube, daß sie blühen werden
– innen ist grün –
daß du mich liebst
und es verschweigst.

Christian Morgenstern
1871–1914

Wenn es Winter wird

Der See hat eine Haut bekommen,
So daß man fast drauf gehen kann,
Und kommt ein großer Fisch geschwommen,
So stößt er mit der Nase an.

Und nimmst du einen Kieselstein
Und wirfst ihn drauf, so macht es klirr
Und titscher – titscher – titscher – dirr ...
Heißa, du lustiger Kieselstein!

Er zwitschert wie ein Vögelein
Und tut grad wie ein Schwälblein fliegen.
Doch endlich bleibt mein Kieselstein
Ganz weit, ganz weit auf dem See draußen liegen.

Da kommen die Fische haufenweis
Und schaun durch das klare Fenster von Eis
Und denken, der Stein wär etwas zum Essen.
Doch sosehr sie die Nase ans Eis auch pressen,
Das Eis ist zu dick, das Eis ist zu alt,
Sie machen sich nur die Nasen kalt.

Aber bald, aber bald
Werden wir selbst auf eignen Sohlen
Hinausgehen können und den Stein wieder holen.

Johann Gaudenz Freiherr von Salis-Seewis
1762–1834

Winterlied

Das Feld ist weiß, so blank und rein,
Vergoldet von der Sonne Schein,
Die blaue Luft ist stille;
Hell wie Kristall
Blinkt überall
Der Fluren Silberhülle.

Der Lichtstrahl spaltet sich im Eis,
Er flimmert blau und rot und weiß
Und wechselt seine Farbe.
Aus Schnee heraus
Ragt nackt und kraus
Des Dorngebüsches Garbe.

Von Reifenduft befiedert sind
Die Zweige rings, die sanfte Wind'
Im Sonnenstrahl bewegen.
Dort stäubt vom Baum
Der Flocken Flaum
Wie leichter Blütenregen.

Tief sinkt der braune Tannenast
Und drohet mit des Schnees Last
Den Wandrer zu beschütten;
Vom Frost der Nacht
Gehärtet, kracht
Der Weg von seinen Tritten.

Das Bächlein schleicht, von Eis beengt;
Voll lauter blauer Zacken hängt
Das Dach; es stockt die Quelle;
Im Sturze harrt,
Zu Glas erstarrt,
Des Wasserfalles Welle.

Die blaue Meise piepet laut;
Der muntre Sperling pickt vertraut
Die Körner vor der Scheune,
Der Zeisig hüpft
Vergnügt und schlüpft
Durch blätterlose Haine.

Wohlan! auf festgediegner Bahn
Klimm ich den Hügel schnell hinan
Und blicke froh ins Weite
Und preise den,
Der rings so schön
Die Silberflocken streute.

Leopold Friedrich Günther von Goeckingh
1748–1828

Auf einer Reise zu Nantchen im Winter

Von Süd und West, von Ost und Nord,
Durchsauset Sturm die Welt,
Und meinetwegen saus er fort,
So lang es ihm gefällt.

Zwei Stunden noch, und ich bin hin!
Bin hin, und am Klavier
Hör ich vor meiner Sängerin,
Du Sturmwind, nichts von dir.

Wie eine Witwe legt die Nacht
Die tiefste Trauer an,
Nicht Jupiter, nicht Venus lacht
Mir armen Wandersmann.

Doch, lacht mir, oder lacht mir nicht,
Ich finde doch mich hin,
Wo ich bestrahlet von dem Licht
Der schönsten Sterne bin.

Ha Rappe! wie die Hand mir da
   So starr von Froste steht!
Doch weißt du ohne Zügel ja
   Wohin es wieder geht!

Rasch, rasch! Erstarrt' auch noch der Rand
   Des Mundes, oben drauf,
Was ists? ich tau an Nantchens Hand
   Noch heute wieder auf.

Ludwig Uhland
1787–1862

Der Schnee

Der Junker hat zu lang verweilet
Bei nächtlichem verbotnem Spiel,
Es hat der Schnee ihn übereilet,
Der leise, leise niederfiel.

Und als der Junker fortgeschlichen,
Da sieht das Fräulein tiefen Schnee,
Da sind die Wangen ihr erblichen,
Da klagt sie wohl ihr banges Weh:

»So leise decktest du die Fluren,
O Schnee! zu tückischem Verrat?
Dem Tage wahrest du die Spuren,
Die nächtlich scheue Liebe trat?«

Das Fräulein hat der Schlaf befangen,
Der Schnee sinkt leise, leise nur,
Und als der Morgen aufgegangen,
Ist längst verschneiet jede Spur.

Georg Trakl
1887–1914

Ein Winterabend

Wenn der Schnee ans Fenster fällt,
Lang die Abendglocke läutet,
Vielen ist der Tisch bereitet
Und das Haus ist wohlbestellt.

Mancher auf der Wanderschaft
Kommt ans Tor auf dunklen Pfaden.
Golden blüht der Baum der Gnaden
Aus der Erde kühlem Saft.

Wanderer tritt still herein;
Schmerz versteinerte die Schwelle.
Da erglänzt in reiner Helle
Auf dem Tische Brot und Wein.

Barthold Hinrich Brockes
1680–1747

Wintergedanken

Wie hat es diese Nacht gereift!
Mein Gott, wie grimmig stark muß es gefroren haben!
Wie schwirrt und schreit, wie knirrt und pfeift
Der Schnee bei jedem Tritt! Mit den jetzt trägen Naben
Knarrt, stockt und schleppt der Räder starres Rund,
Ja weigert gleichsam sich, den kalten Grund
Wie sonst im Drehen zu berühren.
Fast alles drohet, zu erfrieren,
Fast alles droht für Kälte zu vergehn.

Wie blendend weiß ist alles, was ich schau,
Sowohl in Tiefen als in Höhn;
Wie schwarz, wie dick, wie dunkelgrau
Hingegen ist der ganze Kreis der Luft,
Zumal da das noch niedre Sonnenlicht
Annoch nicht durch die Nacht des dicken Nebels bricht.
Es scheint, als könne man in einem greisen Duft
Die Kälte selbst anjetzt recht sichtbar sehn;
Sie fänget überall ergrimmt an zu regieren.
Drei Elemente selber müssen
Ihr schwer tyrannisch Joch verspüren
Und deren Bürger all das strenge Szepter küssen,
Das allem, was da lebt, Verlähmung, Pein und Tod,
Ja selber der Natur den Untergang fast droht. –

Laß aber, lieber Mensch, auch du, soviel an dir,
Dein Herz zum Mitleid doch bewegen,
Damit dein Liebesfeur dein armer Nachbar spür;
Komm, lindre seine Not mit deinem Segen.
Such ihm in scharfem Frost ein Labsal zu bereiten,
Damit, wie Hiob spricht, auch seine Seiten,
Wenn sie, durch deine Hülf erwärmt, dich preisen
Und so durch dich dem Schöpfer Dank erweisen.

Ludwig Christoph Heinrich Hölty
1748–1776

Der Gärtner an den Garten im Winter

Eine Idylle

In Silberhüllen eingeschleiert
  Steht jetzt der Baum,
Und strecket seine nackten Äste
  Dem Himmel zu.

Wo jüngst das reife Gold des Fruchtbaums
  Geblinket, hängt
Jetzt Eis herab, das keine Sonne
  Zerschmelzen kann.

Entblättert steht die Rebenlaube,
  Die mich in Nacht
Verschloß, wenn Phöbus flammenatmend
  Herniedersah.

Das Blumenbeet, wo Florens Töchter
  In Morgenrot
Gekleidet, Wohlgeruch verhauchten,
  Versinkt in Schnee.

Nur du, mein kleiner Buchsbaum, pflanzest
  Dein grünes Haupt
Dem Frost entgegen, und verhöhnest
  Des Winters Macht.

Mit Goldschaum überzogen, funkelst
  Du an der Brust
Des Mädchens, das die Dorfschalmeie
  Zum Tanze ruft.

Ruh sanft, mein Garten, bis der Frühling
  Zur Erde sinkt,
Und Silberkränze auf die Wipfel
  Der Bäume streut.

Dann gaukelt Zephyr in den Blüten,
  Und küsset sie,
Und weht mir mit den Düften Freude
  In meine Brust.

Martin Greif
1839–1911

Winterlied der Meise

Wo auf winterlicher Flur
Noch kein Hälmchen zu erschauen,
Mahnt vom Wald her eine Meise,
Auf die Sonne zu vertrauen,
Die für eine Weile nur
Uns entwandert auf der Reise.

Heinrich Heine
1797–1856

Altes Kaminstück

Draußen ziehen weiße Flocken
Durch die Nacht, der Sturm ist laut;
Hier im Stübchen ist es trocken,
Warm und einsam, stillvertraut.

Sinnend sitz' ich auf dem Sessel,
An dem knisternden Kamin,
Kochend summt der Wasserkessel
Längst verklungne Melodien.

Und ein Kätzchen sitzt daneben,
Wärmt die Pfötchen an der Glut;
Und die Flammen schweben, weben,
Wundersam wird mir zumut.

Dämmernd kommt heraufgestiegen
Manche längst vergeßne Zeit,
Wie mit bunten Maskenzügen
Und verblichner Herrlichkeit.

Schöne Fraun, mit kluger Miene,
Winken süßgeheimnisvoll,
Und dazwischen Harlekine
Springen, lachen, lustigtoll.

Ferne grüßen Marmorgötter,
Traumhaft neben ihnen stehn
Märchenblumen, deren Blätter
In dem Mondenlichte wehn.

Wackelnd kommt herbeigeschwommen
Manches alte Zauberschloß
Hintendrein geritten kommen
Blanke Ritter, Knappentroß.

Und das alles zieht vorüber,
Schattenhastig übereilt –
Ach! da kocht der Kessel über,
Und das nasse Kätzchen heult.

Friedrich Wilhelm Güll
1812–1879

Will sehen, was ich weiss
Vom Büblein auf dem Eis

Gefroren hat es heuer
Noch gar kein festes Eis.
Das Büblein steht am Weiher,
Und spricht so zu sich leis':
»Ich will es einmal wagen,
Das Eis, es muß doch tragen.«
Wer weiß?

Das Büblein stampft und hacket
Mit seinem Stiefelein.
Das Eis auf einmal knacket,
Und krach, schon bricht's hinein.
Das Büblein platscht und krabbelt
Als wie ein Krebs und zappelt
Mit Arm und Bein.

O helft, ich muß versinken
In lauter Eis und Schnee,
O helft, ich muß ertrinken
Im tiefen, tiefen See.
Wär' nicht ein Mann gekommen,
Der sich ein Herz genommen,
        O weh!

Der packt es bei dem Schopfe
Und zieht es dann heraus,
Vom Fuße bis zum Kopfe
Wie eine Wassermaus.
Das Büblein hat getropfet,
Der Vater hat geklopfet
        Es aus,
        Zu Haus.

II

Weihnachtlich glänzet der Wald

Vom Himmel in die tiefsten Klüfte
Ein milder Stern herniederlacht;
Vom Tannenwalde steigen Düfte
Und hauchen durch die Winterlüfte,
Und kerzenhelle wird die Nacht.

Theodor Storm

Theodor Fontane
1819–1898

Noch ist Herbst nicht ganz entflohn

Noch ist Herbst nicht ganz entflohn,
Aber als Knecht Ruprecht schon
Kommt der Winter hergeschritten,
Und alsbald aus Schnee'es Mitten
Klingt des Schlittenglöckleins Ton.

Und was jüngst noch, fern und nah
Bunt auf uns herniedersah,
Weiß sind Türme, Dächer, Zweige,
Und das Jahr geht auf die Neige,
Und das schönste Fest ist da.

Tag du der Geburt des Herrn,
Heute bist du uns noch fern,
Aber Tannen, Engel, Fahnen,
Lassen uns den Tag schon ahnen,
Und wir sehen schon den Stern.

Mascha Kaléko
1907–1975

Advent

Der Frost haucht zarte Häkelspitzen
Perlmuttergrau ans Scheibenglas.
Da blühn bis an die Fensterritzen
Eisblumen, Sterne, Farn und Gras.

Kristalle schaukeln von den Bäumen,
Die letzten Vögel sind entflohn.
Leis fällt der Schnee ... In unsern Träumen
Weihnachtet es seit gestern schon.

Eduard Mörike
1804–1875

An einem Wintermorgen, vor Sonnenaufgang

O flaumenleichte Zeit der dunkeln Frühe!
Welch neue Welt bewegest du in mir?
Was ist's, daß ich auf einmal nun in dir
Von sanfter Wollust meines Daseins glühe?

Einem Kristall gleicht meine Seele nun,
Den noch kein falscher Strahl des Lichts getroffen;
Zu fluten scheint mein Geist, er scheint zu ruhn,
Dem Eindruck naher Wunderkräfte offen,
Die aus dem klaren Gürtel blauer Luft
Zuletzt ein Zauberwort vor meine Sinne ruft.

Bei hellen Augen glaub ich doch zu schwanken;
Ich schließe sie, daß nicht der Traum entweiche.
Seh ich hinab in lichte Feenreiche?
Wer hat den bunten Schwarm von Bildern und Gedanken
Zur Pforte meines Herzens hergeladen,
Die glänzend sich in diesem Busen baden,
Goldfarbgen Fischlein gleich im Gartenteiche?

Ich höre bald der Hirtenflöten Klänge,
Wie um die Krippe jener Wundernacht,

Bald weinbekränzter Jugend Lustgesänge;
Wer hat das friedenselige Gedränge
In meine traurigen Wände hergebracht?

Und welch Gefühl entzückter Stärke,
Indem mein Sinn sich frisch zur Ferne lenkt!
Vom ersten Mark des heutgen Tags getränkt,
Fühl ich mir Mut zu jedem frommen Werke.
Die Seele fliegt, so weit der Himmel reicht,
Der Genius jauchzt in mir! Doch sage,
Warum wird jetzt der Blick von Wehmut feucht?
Ist's ein verloren Glück, was mich erweicht?
Ist es ein werdendes, was ich im Herzen trage?
– Hinweg, mein Geist! hier gilt kein Stillestehn:
Es ist ein Augenblick, und alles wird verwehn!

Dort, sieh, am Horizont lüpft sich der Vorhang schon!
Es träumt der Tag, nun sei die Nacht entflohn;
Die Purpurlippe, die geschlossen lag,
Haucht, halbgeöffnet, süße Atemzüge:
Auf einmal blitzt das Aug, und, wie ein Gott, der Tag
Beginnt im Sprung die königlichen Flüge!

Georg von der Vring
1889–1968

Handvoll Schneebeeren

Handvoll Schneebeeren –
Ernte des Jahrs?
In Blättermeeren
Welch schönes Jahr war's.

Von dem Strauch
An der Hauswand
Blieben die weißlichen
Dir in der Hand.

Pflück sie mir auch;
Rings in den Schneerauch
Streun wir die Beeren,
Die niemand gehören.

Fragst du, was bleibt?
Frage den Schnee, der stäubt,
Nun uns der eisige
Wind vertreibt.

Hans Carossa
1878–1956

Barbaratag

(4. Dezember)

Kirschenzweige bringt ein Mädchen
Über kahle, kalte Heide,
Dämmertag ist Nacht geworden.
Dörfchen blinkt wie Lichtgeschmeide.

Engelstimme singt vom Himmel:
Dunkle Reiser, seid erkoren,
Staubverweht sind lang die Blumen,
Feld und Garten eingefroren.

Ihr nur werdet grünend leben,
Wenn der Erde Pflanzen fehlen.
Heilige Nacht wird Blüten treiben
Und ein Glück kommt in die Seelen.

Letztes Rot verlischt am Walde,
Ton in Lüften bebt entschwindend.
Über die verhüllte Heide
Haucht der Bergwind, Schnee verkündend.

Rainer Maria Rilke
1875–1926

Advent

Es treibt der Wind im Winterwalde
die Flockenherde wie ein Hirt,
und manche Tanne ahnt, wie balde
sie fromm und lichterheilig wird;
und lauscht hinaus. Den weißen Wegen
streckt sie die Zweige hin – bereit,
und wehrt dem Wind und wächst entgegen
der einen Nacht der Herrlichkeit.

Theodor Storm
1817–1888

Knecht Ruprecht

Von drauß' vom Walde komm ich her;
Ich muß euch sagen, es weihnachtet sehr!
Allüberall auf den Tannenspitzen
Sah ich goldene Lichtlein sitzen;
Und droben aus dem Himmelstor
Sah mit großen Augen das Christkind hervor,
Und wie ich so strolcht' durch den finstern Tann,
Da rief's mich mit heller Stimme an:
»Knecht Ruprecht«, rief es, »alter Gesell,
Hebe die Beine und spute dich schnell!
Die Kerzen fangen zu brennen an,
Das Himmelstor ist aufgetan,
Alt' und Junge sollen nun
Von der Jagd des Lebens einmal ruhn;
Und morgen flieg ich hinab zur Erden,
Denn es soll wieder Weihnachten werden!«
Ich sprach: »O lieber Herre Christ,
Meine Reise fast zu Ende ist;
Ich soll nur noch in diese Stadt,
Wo's eitel gute Kinder hat.«
– »Hast denn das Säcklein auch bei dir?«
Ich sprach: »Das Säcklein, das ist hier:

Denn Äpfel, Nuß und Mandelkern
Fressen fromme Kinder gern.«
– »Hast denn die Rute auch bei dir?«
Ich sprach: »Die Rute, die ist hier;
Doch für die Kinder nur, die schlechten,
Die trifft sie auf den Teil, den rechten.«
Christkindlein sprach: »So ist es recht;
So geh mit Gott, mein treuer Knecht!«
Von drauß' vom Walde komm ich her;
Ich muß euch sagen, es weihnachtet sehr!
Nun sprecht, wie ich's hier innen find!
Sind's gute Kind, sind's böse Kind?

August Heinrich Hoffmann von Fallersleben
1798–1874

Nussknacker

Nußknacker, du machst ein grimmig Gesicht –
Ich aber, ich fürchte vor dir mich nicht:
Ich weiß, du meinst es gut mit mir,
Drum bring ich meine Nüsse dir.
Ich weiß, du bist ein Meister im Knacken:
Du kannst mit deinen dicken Backen
Gar hübsch die harten Nüsse packen
Und weißt sie vortrefflich aufzuknacken.
Nußknacker, drum bitt ich dich, bitt ich dich,
Hast bessere Zähn als ich, Zähn als ich.
O knacke nur, knacke nur immerzu!
Ich will dir zu Ehren
Die Kerne verzehren.
O knacke nur, knack knack knack! immerzu!
Ei, welch ein braver Kerl bist du!

Johann Gottfried Kinkel
1815–1882

Es ist so still geworden

Es ist so still geworden,
Verrauscht des Abends Wehn.
Man hört von allerorten
Der Engel Füße gehn.
Rings in die Tale senket
Sich Finsternis mit Macht.
Wirf ab, Herz, was dich kränket
Und was dir Bange macht!

Johannes Bobrowski
1917–1965

Dezember

Lied durch den Schnee, die kleine
Birke zu wärmen,
in der dröhnenden Finsternis.

Schwinge,
Vogelschwinge, du weißer
Gesang. Wir sprachen im Dunkel
unter dem hohen Mond.
Der fuhr auf dem Wind.

Irdisch bin ich,
ich fall an die Erde, der alte Chinese
stieg in sein Bild,
ging davon.

Gottfried Keller
1819–1890

Weihnachtsmarkt

Welch lustiger Wald um das graue Schloß
Hat sich zusammen gefunden,
Ein grünes bewegliches Nadelgehölz,
Von keiner Wurzel gebunden!

Anstatt der warmen Sonne scheint
Das Rauschgold durch die Wipfel;
Hier backt man Kuchen, dort brät man Wurst,
Das Räuchlein zieht um die Gipfel.

Es ist ein fröhliches Leben im Wald,
Das Volk erfüllet die Räume;
Die nie mit Tränen ein Reis gepflanzt,
Die fällen am frohsten die Bäume.

Der eine kauft ein bescheidnes Gewächs
Zu überreichen Geschenken,
Der andere einen gewaltigen Strauch,
Drei Nüsse daran zu henken.

Dort feilscht um ein verkrüppeltes Reis
Ein Weib mit scharfen Waffen;
Der dünne Silberling soll zugleich
Den Baum und die Früchte verschaffen.

Mit glühender Nase schleppt der Lakai
Die schwere Tanne von hinnen;
Das Zöfchen trägt ein Leiterchen nach,
Zu ersteigen die grünen Zinnen.

Und kommt die Nacht, so singt der Wald
Und wiegt sich im Gaslichtscheine;
Bang führt die arme Mutter ihr Kind
Vorüber dem Zauberhaine.

Einst sah ich einen Weihnachtsbaum:
Im düstern Bergesbanne
Stand eisbezuckert auf dem Grat
Die alte Wettertanne.

Und zwischen den Ästen waren schön
Die Sterne aufgegangen;
Am untersten Ast sah ich entsetzt
Die alte Schmidtin hangen.

Hell schien der Mond ihr ins Gesicht,
Das festlich still verkläret;
Weil auf der Welt sie nichts besaß,
Hatt' sie sich selbst bescheret.

Christian Morgenstern
1871–1914

Winternacht

Es war einmal eine Glocke,
die machte baum, baum . .
Und es war einmal eine Flocke,
die fiel dazu wie im Traum . .

Die fiel dazu wie im Traum . .
Die sank so leis hernieder,
wie ein Stück Engleingefieder
aus dem silbernen Sternenraum.

Es war einmal eine Glocke,
die machte baum, baum . .
Und dazu fiel eine Flocke,
So leis als wie ein Traum . .

So leis als wie ein Traum . .
Und als vieltausend gefallen leis,
da war die ganze Erde weiß,
als wie von Engleinflaum.

Da war die ganze Erde weiß,
als wie von Engleinflaum.

Eduard Mörike
1804–1875

Auf eine Christblume

Tochter des Walds, du Lilienverwandte,
So lang von mir gesuchte, unbekannte,
Im fremden Kirchhof, öd und winterlich,
Zum erstenmal, o schöne, find ich dich!

Von welcher Hand gepflegt du hier erblühtest,
Ich weiß es nicht, noch wessen Grab du hütest;
Ist es ein Jüngling, so geschah ihm Heil,
Ist's eine Jungfrau, lieblich fiel ihr Teil.

Im nächtgen Hain, von Schneelicht überbreitet,
Wo fromm das Reh an dir vorüberweidet,
Bei der Kapelle, am kristallnen Teich,
Dort sucht ich deiner Heimat Zauberreich.

Schön bist du, Kind des Mondes, nicht der Sonne;
Dir wäre tödlich andrer Blumen Wonne,
Dich nährt, den keuschen Leib voll Reif und Duft,
Himmlischer Kälte balsamsüße Luft.

In deines Busens goldner Fülle gründet
Ein Wohlgeruch, der sich nur kaum verkündet;
So duftete, berührt von Engelshand,
Der benedeiten Mutter Brautgewand.

Dich würden, mahnend an das heilge Leiden,
Fünf Purpurtropfen schön und einzig kleiden:
Doch kindlich zierst du, um die Weihnachtszeit,
Lichtgrün mit einem Hauch dein weißes Kleid.

Der Elfe, der in mitternächtger Stunde
Zum Tanze geht im lichterhellen Grunde,
Vor deiner mystischen Glorie steht er scheu
Neugierig still von fern und huscht vorbei.

Martin Greif
1839–1911

Frau Holle

Schneeflocken wirbeln um und um,
Im Garten blüht die Weihnachtsblum,
Frau Holle fährt im Dorf herum –
Schnurre, Rädchen, schnurre!

Der Mond blickt aus dem Wolkengraus
Weist ihr den Weg zu jedem Haus,
Daß sie die flinksten findet aus –
Schnurre, Rädchen, schnurre!

Bemerkt sie wo noch einen Schein,
Frau Holle hält und schaut hinein,
Die munter drehn, belohnt sie fein –
Schnurre, Rädchen, schnurre!

Friedrich Rückert
1788–1866

Sieh und nimm ein Beispiel dran

Sieh und nimm ein Beispiel dran,
Wie der Schnee vom Himmel flockt,
Was die Emsigkeit nicht kann,
Die nicht stille steht noch stockt:
Jedes Flöckchen ist allein
Wie ein Nadelspitzchen klein;
Doch es häuft sich allzumal
Kleiner Flöckchen große Zahl,
Und bedeckt ist Berg und Tal.

Johannes Robert Becher
1891–1958

Weihnacht

Es blüht der Winter im Geäst,
Und weiße Schleier fallen.
Einsam erfriert ein Vogelnest.
Wie vormals läßt das Weihnachtsfest
die Glocken widerhallen.

Es neigt sich über uns der Raum,
Darin auch wir uns neigen.
Es glänzt der Kindheit Sternentraum.
Ein Tränenstern blinkt hoch am Baum.
Das Licht weint in den Zweigen.

Joseph von Eichendorff
1788–1857

Weihnachten

Markt und Straßen stehn verlassen,
Still erleuchtet jedes Haus,
Sinnend geh ich durch die Gassen,
Alles sieht so festlich aus.

An den Fenstern haben Frauen
Buntes Spielzeug fromm geschmückt,
Tausend Kindlein stehn und schauen,
Sind so wunderstill beglückt.

Und ich wandre aus den Mauern
Bis hinaus ins freie Feld,
Hehres Glänzen, heilges Schauern!
Wie so weit und still die Welt!

Sterne hoch die Kreise schlingen,
Aus des Schnees Einsamkeit
Steigts wie wunderbares Singen –
O du gnadenreiche Zeit!

Karl Stieler
1842–1885

In der Christnacht

O Winterwaldnacht, stumm und hehr,
Mit deinen eisumglänzten Zweigen,
Lautlos und pfadlos, schneelastschwer –
Wie ist das groß – dein stolzes Schweigen!

Es blinkt der Vollmond klar und kalt;
In tausend funkelharten Ketten
Sind fest geschmiedet Berg und Wald,
Nichts kann von diesem Bann erretten.

Der Vogel fällt, das Wild bricht ein,
Der Quell erstarrt, die Fichten beben;
So ringt den großen Kampf ums Sein
Ein tausendfaches banges Leben.

Doch in den Dörfern, traut und sacht,
Da läuten heut zur Welt hienieden
Die Weihnachtsglocken durch die Nacht
Ihr Wunderlied – vom ew'gen Frieden.

Theodor Storm
1817–1888

Weihnachtslied

Vom Himmel in die tiefsten Klüfte
Ein milder Stern herniederlacht;
Vom Tannenwalde steigen Düfte
Und hauchen durch die Winterlüfte,
Und kerzenhelle wird die Nacht.

Mir ist das Herz so froh erschrocken,
Das ist die liebe Weihnachtszeit!
Ich höre fernher Kirchenglocken
Mich lieblich heimatlich verlocken
In märchenstille Herrlichkeit.

Ein frommer Zauber hält mich wieder,
Anbetend, staunend muß ich stehn;
Es sinkt auf meine Augenlider
Ein goldner Kindertraum hernieder,
Ich fühl's, ein Wunder ist geschehn.

Wilhelm Busch
1832–1908

Der Stern

Hätt einer auch fast mehr Verstand
Als wie die drei Weisen aus Morgenland
Und ließe sich dünken, er wär wohl nie
Dem Sternlein nachgereist wie sie;
Dennoch, wenn nun das Weihnachtsfest
Seine Lichtlein wonniglich scheinen läßt,
Fällt auch auf sein verständig Gesicht,
Er mag es merken oder nicht,
Ein freundlicher Strahl
Des Wundersternes von dazumal.

Joachim Ringelnatz
1883–1934

Weihnachten

Liebeläutend zieht durch Kerzenhelle,
Mild, wie Wälderduft, die Weihnachtszeit,
Und ein schlichtes Glück streut auf die Schwelle
Schöne Blumen der Vergangenheit.

Hand schmiegt sich an Hand im engen Kreise,
Und das alte Lied von Gott und Christ
Bebt durch Seelen und verkündet leise,
Daß die kleinste Welt die größte ist.

Albrecht Goes
1908–2000

Gleich hinter Weihnachten

Endlich, die Töchterlein schlafen,
Die Älteste redet im Traum,
Da entzünde ich – keiner sieht es –
Noch einmal die Kerzen am Baum.
Ist wieder Heiliger Abend
Und ganz für mich allein,
Und es scheint der Silvestervollmond
Durch die Eisblumenfenster herein.

Aufleuchten alle: der Engel,
Und der Stern im dunkelen Gold,
Ringsum die gläsernen Kugeln,
(so habens die Töchter gewollt) –
Apfel aber bei Apfel
Vor lauter Leben prahlt,
Und sieh, den Tannenzapfen
Hat silbern die Jüngste bemalt.

Ein Zweig – und der soll knistern,
Ein Zweig, und wärs der kleinst,
Schon duftet das ganze Zimmer
Nach nichts als nur nach Einst.
Wenn jetzt die Kinder herschauten,
– regt sichs nicht nebenan? –
Was würden sie denken und sagen
Von mir, dem nachteinsamen Mann?

Bin beides und beides in einem:
So Vater und so Kind.
Vergessen sind die Jahre,
Die eh vergangen sind.
Herein denn, du Brummbär auf Rädern,
Und oben setz mich drauf –
Liebe Mutter, und tu mir noch einmal
Die erste Türe auf!

Erich Kästner
1899–1974

Der Dezember

Das Jahr ward alt. Hat dünne Haar.
Ist gar nicht sehr gesund.
Kennt seinen letzten Tag, das Jahr.
Kennt gar die letzte Stund.

Ist viel geschehn. Ward viel versäumt.
Ruht beides unterm Schnee.
Weiß liegt die Welt, wie hingeträumt.
Und Wehmut tut halt weh.

Noch wächst der Mond. Noch schmilzt er hin.
Nichts bleibt. Und nichts vergeht.
Ist alles Wahn. Hat alles Sinn.
Nützt nichts, daß man's versteht.

Und wieder stapft der Nikolaus
durch jeden Kindertraum.
Und wieder blüht in jedem Haus
der goldengrüne Baum.

Warst auch ein Kind. Hast selbst gefühlt,
wie hold Christbäume blühn.
Hast nun den Weihnachtsmann gespielt
und glaubst nicht mehr an ihn.

Bald trifft das Jahr der zwölfte Schlag.
Dann dröhnt das Erz und spricht:
»Das Jahr kennt seinen letzten Tag,
und du kennst deinen nicht.«

Friedrich Hölderlin
1770–1843

Der Winter

Wenn ungesehn und nun vorüber sind die Bilder
Der Jahreszeit, so kommt des Winters Dauer,
Das Feld ist leer, die Ansicht scheinet milder,
Und Stürme wehn umher und Regenschauer.

Als wie ein Ruhetag, so ist des Jahres Ende,
Wie einer Frage Ton, dass dieser sich vollende,
Alsdann erscheint des Frühlings neues Werden,
So glänzet die Natur mit ihrer Pracht auf Erden.

Friedrich Schiller
1759–1805

Punschlied

Vier Elemente
Innig gesellt
Bilden das Leben,
Bauen die Welt.

Preßt der Zitrone
Saftigen Stern,
Herb ist des Lebens
Innerster Kern.

Jetzt mit des Zuckers
Linderndem Saft
Zähmet die herbe
Brennende Kraft.

Gießet des Wassers
Sprudelnden Schwall,
Wasser umfänget
Ruhig das All.

Tropfen des Geistes
Gießet hinein,
Leben dem Leben
Gibt er allein.

Eh es verdüftet
Schöpfet es schnell,
Nur wenn er glühet
Labet der Quell.

Erich Kästner
1899–1974

Spruch für die Silvesternacht

Man soll das Jahr nicht mit Programmen
beladen wie ein krankes Pferd.
Wenn man es allzu sehr beschwert,
bricht es zu guter Letzt zusammen.

Je üppiger die Pläne blühen,
um so verzwickter wird die Tat.
Man nimmt sich vor, sich zu bemühen,
und schließlich hat man den Salat!

Es nützt nicht viel, sich rotzuschämen.
Es nützt nichts, und es schadet bloß,
sich tausend Dinge vorzunehmen.
Laßt das Programm! Und bessert euch drauflos!

Johann Wolfgang von Goethe
1749–1832

Zum neuen Jahr

Zwischen dem Alten
Zwischen dem Neuen,
Hier uns zu freuen
Schenkt uns das Glück,
Und das Vergangne
Heißt mit Vertrauen
Vorwärts zu schauen,
Schauen zurück.

Stunden der Plage,
Leider, sie scheiden
Treue von Leiden,
Liebe von Lust;
Bessere Tage
Sammeln uns wieder,
Heitere Lieder
Stärken die Brust.

Leiden und Freuden,
Jener verschwundnen,
Sind die Verbundnen
Fröhlich gedenk.
O des Geschickes
Seltsamer Windung!
Alte Verbindung,
Neues Geschenk!

Dankt es dem regen,
Wogenden Glücke,
Dankt dem Geschicke
Männiglich Gut;
Freut euch des Wechsels
Heiterer Triebe,
Offener Liebe,
Heimlicher Glut!

Andere schauen
Deckende Falten
Über dem Alten
Traurig und scheu;
Aber uns leuchtet
Freundliche Treue;
Sehet, das Neue
Findet uns neu.

So wie im Tanze
Bald sich verschwindet,
Wieder sich findet
Liebendes Paar,
So durch des Lebens
Wirrende Beugung
Führe die Neigung
Uns in das Jahr.

III

Wohin man schaut, nur Schnee und Eis

Nicht ein Flügelschlag ging durch die Welt,
Still und blendend lag der weiße Schnee.
Nicht ein Wölklein hing am Sternenzelt,
Keine Welle schlug im starren See.

Gottfried Keller

Eduard Mörike
1804–1875

Zum neuen Jahr

Wie heimlicher Weise
Ein Engelein leise
Mit rosigen Füßen
Die Erde betritt,
So nahte der Morgen.
Jauchzt ihm, ihr Frommen,
Ein heilig Willkommen,
Ein heilig Willkommen!
Herz, jauchze du mit!

In Ihm sei's begonnen,
Der Monde und Sonnen
An blauen Gezelten
Des Himmels bewegt.
Du, Vater, du rate!
Lenke du und wende!
Herr, dir in die Hände
Sei Anfang und Ende,
Sei alles gelegt!

Conrad Ferdinand Meyer
1825–1898

Neujahrsglocken

In den Lüften schwellendes Gedröhne,
Leicht wie Halme beugt der Wind die Töne:

Leis verhallen, die zum ersten riefen,
Neu Geläute hebt sich aus den Tiefen.

Große Heere, nicht ein einzler Rufer!
Wohllaut flutet ohne Strand und Ufer.

Martin Greif
1839–1911

Frau Holles Umzug

Neujahr ist heut, Neujahr,
Das alte Jahr ist um,
Ihr Mägdlein, macht das Haar!
Frau Holle geht herum.

Sieht sie zerzaust wo einen Kopf,
Macht draus sie einen Weichselzopf.
Ob kurz die Flechten oder lang,
Es macht nichts aus bei ihrem Fang.

Drum seht euch vor und laßt euch Weile,
Daß sie euch nicht ertappt, in Eile:
Das alte Jahr ist um,
Frau Holle geht herum.

Erich Kästner
1899–1974

Der Januar

Das Jahr ist klein und liegt noch in der Wiege.
Der Weihnachtsmann ging heim in seinen Wald.
Doch riecht es noch nach Krapfen auf der Stiege.
Das Jahr ist klein und liegt noch in der Wiege.
Man steht am Fenster und wird langsam alt.

Die Amseln frieren. Und die Krähen darben.
Und auch der Mensch hat seine liebe Not.
Die leeren Felder sehnen sich nach Garben.
Die Welt ist schwarz und weiß und ohne Farben.
Und wär so gerne gelb und blau und rot.

Umringt von Kindern wie der Rattenfänger,
tanzt auf dem Eise stolz der Januar.
Der Bussard zieht die Kreise eng und enger.
Es heißt, die Tage würden wieder länger.
Man merkt es nicht. Und es ist trotzdem wahr.

Die Wolken bringen Schnee aus fremden Ländern.
Und niemand hält sie auf und fordert Zoll.
Silvester hörte man's auf allen Sendern,
daß sich auch *unterm* Himmel manches ändern
und, außer uns, viel besser werden soll.

Das Jahr ist klein und liegt noch in der Wiege.
Und ist doch hunderttausend Jahre alt.
Es träumt von Frieden. Oder träumt's vom Kriege?
Das Jahr ist klein und liegt noch in der Wiege.
Und stirbt in einem Jahr. Und das ist bald.

Arno Holz
1863–1929

Winter

Du lieber Frühling! Wohin bist du gegangen?
Noch schlägt mein Herz, was deine Vögel sangen.
Die ganze Welt war wie ein Blumenstrauß.
Längst ist das aus!
Die ganze Welt ist jetzt, o weh,
Barfüßle im Schnee!
Die schwarzen Bäume stehn und frieren,
Im Ofen die Bratäpfel musizieren,
das Dach hängt voll Eis.
Und doch: bald kehrst Du wieder, ich weiß, ich weiß!
o, nur ein Weilchen,
und blaue Lieder
duften die Veilchen!

Friedrich Rückert
1788–1866

Wintergrüne Fichte

Wintergrüne Fichte,
Bricht dein schlankes Reis
Unter dem Gewichte
Nicht von Schnee und Eis?
In den kalten Tagen,
Was erhält so kühn
Dich, wo alle zagen,
Fichte wintergrün!

Wintergrüne Fichte,
Wenn in Sturmes Wehn
Winters Strafgerichte
Ob der Flur ergehn,
Wenn nicht Baum noch Pflanze
Grünen darf noch blühn,
Bleibest du im Kranze
Fichte wintergrün.

Wintergrüne Fichte,
Wovon lebest du?
Strömt vom Himmelslichte
Dir die Nahrung zu?

Unter Frostes Kloben
Starrt der Erde Glühn;
Doch du lebst von oben,
Fichte wintergrün.

Wintergrüne Fichte,
Weil von Himmelsduft
Du mit Weltverzichte
Lebest auf der Gruft,
Darum schmückt dein Schimmer,
Deiner Lichter Sprühn,
Weihnachtliche Zimmer,
Fichte wintergrün.

Wintergrüne Fichte,
An der Statt wo ich
Mir dies Haus errichte,
Siehe, pflanz' ich dich:
Wo einst Ruh ich habe
Von des Lebens Mühn,
Schatte meinem Grabe,
Fichte wintergrün!

Marie Luise Kaschnitz
1901–1974

Januar

Januar, Neujahr vorüber
Vorüber die magischen Nächte zwölf.
Fenstersturz der Tannenbäume
Goldne Engel eingesargt.

Auf den Flüssen gehen wie Götter
Sterbliche kristallnen Atems
Ins Gewirr der Schachtelhalme
Sinkt die Stirn am blinden Glas.

Kalter Stern bei kalten Sternen
Treibt die Erde, unsre Heimat.
Wie das Haar am starren Leibe
Wachsen wir noch eine Zeit.

Murmeln mit zerrißnen Lippen
Worte, großen Sonnen gleich.
Knospen starr wie Lanzenspitzen.
Nur ein Schlaf? Vielleicht. Vielleicht.

Christian Friedrich Hebbel
1813–1863

Winterlandschaft

Unendlich dehnt sie sich, die weiße Fläche,
Bis auf den letzten Hauch von Leben leer;
Die muntern Pulse stocken längst, die Bäche,
Es regt sich selbst der kalte Wind nicht mehr.

Der Rabe dort, im Berg von Schnee und Eise,
Erstarrt und hungrig, gräbt sich tief hinab,
Und gräbt er nicht heraus den Bissen Speise,
So gräbt er, glaub ich, sich hinein ins Grab.

Die Sonne, einmal noch durch Wolken blitzend,
Wirft einen letzten Blick aufs öde Land,
Doch, gähnend auf dem Thron des Lebens sitzend,
Trotzt ihr der Tod im weißen Festgewand.

Heinrich Heine
1797–1856

Winter

Die Kälte kann wahrlich brennen
Wie Feuer. Die Menschenkinder
Im Schneegestöber rennen
Und laufen immer geschwinder.

O, bittre Winterhärte!
Die Nasen sind erfroren,
Und die Klavierkonzerte
Zerreißen uns die Ohren.

Weit besser ist es im Summer,
Da kann ich im Walde spazieren
Allein mit meinem Kummer
Und Liebeslieder skandieren.

Ludwig Uhland
1787–1862

Des Hirten Winterlied

O Winter, schlimmer Winter!
Wie ist die Welt so klein!
Du drängst uns all in die Täler,
In die engen Hütten hinein.

Und geh' ich auch vorüber
An meiner Liebsten Haus:
Kaum sieht sie mit dem Köpfchen
Zum kleinen Fenster heraus.

Und nehm' ich's Herz in die Hände
Und geh' hinauf ins Haus:
Sie sitzt zwischen Vater und Mutter,
Schaut kaum zu den Äuglein heraus.

O Sommer, schöner Sommer!
Wie wird die Welt so weit!
Je höher man steigt auf die Berge,
Je weiter sie sich verbreit't.

Und stehest du auf dem Felsen,
Traut Liebchen! ich rufe dir zu.
Die Halle sagen es weiter,
Doch niemand hört es als du.

Und halt' ich dich in den Armen
Auf freien Bergeshöhn:
Wir sehn in die weiten Lande
Und werden doch nicht gesehn.

Ludwig August Unzer
1748–1774

Der Winter

A.
Der böse, böse winter!
Die freuden und die scherze
Entfliehn bey seiner ankunft;
Mit schneidenden gewehren
Belagert er die hütten;
Ein weiß gewand umgiebet
Erstorbene gefilde;
Statt eines Zephirs säuseln
Heult izt der rauhe nordwind,
Und kein gefaellges maedchen
Laeßt ihren busen offen.
Der böse, böse winter!

B.
Nein, Freund, im kalten winter
Ist freude nicht erstorben;
Sie winkt zwar nicht in feldern,
Doch sie entweicht in zimmer,
Zum sommer umgeschaffen
Durch eines ofens waerme.
Hier scherzt der kleine Amor,
In zobelpelz vergraben,

Auf einem weichen sopha
An holder Nymphen busen.
Auch Bachus ist nicht ferne,
Es dampft zu seinen ehren
Der Punsch in goldnen schaalen.
Conzerte, Maskeraden,
Komödien und Opern
Verkürzen lange naechte.
Auch ist die zeit des winters
Die zeit der aechten freundschaft;
Da wird bey weisen reden,
Am vollen caffeetische
Den Grazien geopfert,
Wie oft bey dir, o A . . .
Der schoene, schoene winter!

Gottfried Keller
1819–1890

Winternacht

Nicht ein Flügelschlag ging durch die Welt,
Still und blendend lag der weiße Schnee.
Nicht ein Wölklein hing am Sternenzelt,
Keine Welle schlug im starren See.

Aus der Tiefe stieg der Seebaum auf,
Bis sein Wipfel in dem Eis gefror;
An den Ästen klomm die Nix' herauf,
Schaute durch das grüne Eis empor.

Auf dem dünnen Glase stand ich da,
Das die schwarze Tiefe von mir schied;
Dicht ich unter meinen Füßen sah
Ihre weiße Schönheit Glied um Glied.

Mit ersticktem Jammer tastet' sie
An der harten Decke her und hin,
Ich vergess das dunkle Antlitz nie,
Immer, immer liegt es mir im Sinn!

Robert Reinick
1805–1852

Winterlust

Wohin man schaut, nur Schnee und Eis,
Der Himmel grau, die Erde weiß;
Hei, wie der Wind so lustig pfeift,
Hei, wie er in die Backen kneift,
Doch meint er's mit den Leuten gut,
Erfrischt und stärkt, macht frohen Mut.
Ihr Stubenhocker, schämet euch,
Kommt nur heraus, tut es uns gleich.
Bei Wind und Schnee auf glatter Bahn,
Da hebt erst recht der Jubel an!

Matthias Claudius
1740–1815

Ein Lied
hinterm Ofen zu singen

Der Winter ist ein rechter Mann,
  Kernfest und auf die Dauer;
Sein Fleisch fühlt sich wie Eisen an,
  Und scheut nicht süß noch sauer.

War je ein Mann gesund, ist er's!
  Er krankt und kränkelt nimmer,
Weiß nichts von Nachtschweiß noch Vapeurs,
  Und schläft im kalten Zimmer.

Er zieht sein Hemd im Freien an
  Und läßt's vorher nicht wärmen;
Und spottet über Fluß im Zahn
  Und Kolik in Gedärmen.

Aus Blumen und aus Vogelsang
  Weiß er sich nichts zu machen,
Haßt warmen Drang und warmen Klang
  Und alle warme Sachen.

Doch wenn die Füchse bellen sehr,
Wenn's Holz im Ofen knittert,
Und um den Ofen Knecht und Herr
Die Hände reibt und zittert;

Wenn Stein und Bein vor Frost zerbricht,
Und Teich' und Seen krachen;
Das klingt ihm gut, das haßt er nicht,
Denn er will sich tot lachen. –

Sein Schloß von Eis liegt ganz hinaus
Beim Nordpol an dem Strande;
Doch hat er auch ein Sommerhaus
Im lieben Schweizerlande.

Da ist er denn bald dort, bald hier,
Gut Regiment zu führen.
Und wenn er durchzieht, stehen wir
Und sehn ihn an und frieren.

Friedrich Rückert
1788–1866

Wenn der Wind am Fenster pfeift

Wenn der Wind am Fenster pfeift,
Und die Glut im Ofen singt,
Und die Blum' am Glase reift,
Die's zu Farb' und Duft nicht bringt;

Armes frost'ges Gaukelspiel,
Das den Schein des Frühlings lügt!
Einst, als alles mir gefiel,
Hab' ich mich an dir vergnügt.

Andre Blumen, andern Klang,
Wünsch' ich sehnend itzt herbei:
O wie ist der Winter lang!
O wie fern von hier der Mai!

Wenn das Herz ist jung und warm,
Fühlt es nicht der Schöpfung Frost;
Aber, kalt und alt und arm,
Tut ihm not des Frühlings Trost.

Albrecht Goes
1908–2000

Der goldne Baum

Haben wirs recht wohl erdacht
Für die hohe heilge Nacht,
Abendlang und rein entzückt,
Heiter endlich aufgeschmückt
Weißen Tann und rotes Licht,
Stern und Engelsangesicht,
Silberlust im dunklen Grün,
Selges Blühn und Überblühn –
Weh, schon blinkt durchs Fensterglas
Tag Sankt Epiphanias,
Und das Jahr mit Recht und Fug
Spricht: genug.

Nur noch einmal, komm, entzünde
Aller Kerzen Ernst und Spiel,
Mit dem Bunten dich verbünde
Wie dirs eh und je gefiel:
Sieh, der Engel kehrt sich leise
Dem Trompetenbläser zu,
Horch, der Violinen Weise,
Und der Dirigent bist du.

Lischt die Kerze. Im Ermatten
Geistert Schattenspiel im Raum –
Traumesbilder, Abschiedsschatten,
Dir zum Abschied, goldner Baum!

Ach, nun kommt ein langes Jahr,
Eismond, Frost und Februar,
Weidenrute, Osterschmaus,
Birke, Mai und Immenbraus,
Junibeere, Juliglut,
Erntefeld und Traubenblut,
Spätoktober, Nebelschritt –

Glanz vom goldnen Baum, geh mit!

Heinrich Heine
1797–1856

Die Heilgen Drei Könige aus Morgenland

Die Heilgen Drei Könige aus Morgenland,
Sie frugen in jedem Städtchen:
Wo geht der Weg nach Bethlehem,
Ihr lieben Buben und Mädchen?

Die Jungen und Alten, sie wußten es nicht,
Die Könige zogen weiter;
Sie folgten einem goldenen Stern,
Der leuchtete lieblich und heiter.

Der Stern blieb stehn über Josephs Haus,
Da sind sie hineingegangen;
Das Öchslein brüllte, das Kindlein schrie,
Die Heilgen Drei Könige sangen.

Johann Wilhelm Hey
1789–1854

Katze im Schnee

»Kätzchen, wie hebst du die Pfötchen auf,
Siehst sogar zu ängstlich drauf,
Sinkst in den Schnee bis zum Halse bald,
Nicht wahr, da geht sich's gar zu kalt?
Besser wär' es ja wohl getan,
Hättest du gute Stiefel an.«

Freilich an Stiefeln war sie nicht reich,
Half sich doch, wie sie's konnte, gleich,
Lief durch den Schnee in die Scheuer hinein,
Schüttelte, leckte die Pfötchen rein,
Hatte dann wieder gar frohen Lauf,
Stieg zu den höchsten Balken hinauf.

Nikolaus Lenau
1802–1850

WINTERNACHT

Vor Kälte ist die Luft erstarrt,
Es kracht der Schnee von meinen Tritten,
Es dampft mein Hauch, es klirrt mein Bart;
Nur fort, nur immer fortgeschritten!

Wie feierlich die Gegend schweigt!
Der Mond bescheint die alten Fichten,
Die, sehnsuchtsvoll zum Tod geneigt,
Den Zweig zurück zur Erde richten.

Frost! friere mir ins Herz hinein,
Tief in das heißbewegte, wilde!
Daß einmal Ruh mag drinnen sein,
Wie hier im nächtlichen Gefilde!

Joseph von Eichendorff
1788–1857

Winternacht

Verschneit liegt rings die ganze Welt,
Ich hab nichts, was mich freuet,
Verlassen steht der Baum im Feld,
Hat längst sein Laub verstreuet.

Der Wind nur geht bei stiller Nacht
Und rüttelt an dem Baume,
Da rührt er seinen Wipfel sacht
Und redet wie im Traume.

Er träumt von künft'ger Frühlingszeit,
Von Grün und Quellenrauschen,
Wo er im neuen Blütenkleid
Zu Gottes Lob wird rauschen.

Johann Gottfried Herder
1744–1803

Der Eistanz

Wir schweben, wir wallen auf hallendem Meer,
Auf Silberkristallen dahin und daher:
Der Stahl ist uns Fittich, der Himmel uns Dach,
Die Lüfte sind heilig und schweben uns nach.
So gleiten wir, Brüder, mit fröhlichem Sinn
Auf eherner Tiefe das Leben dahin.

Wer wölbte dich oben, du goldenes Haus,
Und legte den Boden mit Demant uns aus?
Und gab uns den flüchtigen Funken im Stahl,
Zu tanzen, zu schweben im himmlischen Saal?
So schweben wir, Brüder, mit fröhlichem Sinn
Im himmlischen Saale das Leben dahin.

Da stand sie, die Sonne, in Düfte gehüllt!
Da rauchen die Berge, da schwebet ihr Bild!
Da ging sie danieder, und siehe, der Mond,
Wie silbern er über und unter uns wohnt!
So wallen wir, Brüder, mit fröhlichem Sinn
Durch Mond und durch Sonne das Leben dahin.

Seht auf nun, da brennen im himmlischen Meer
Die Funken und brennen im Frost um uns her.
Der oben den Himmel mit Sonnen besteckt,
Hats unten mit Blumen des Frostes gedeckt.
Wir gleiten, o Brüder, mit fröhlichem Sinn
Auf Sternengefilden das Leben dahin.

Er macht' uns geräumig den luftigen Saal
Und gab uns in Nöten die Füße von Stahl
Und gab uns im Froste das wärmende Herz,
Zu stehn auf den Fluten, zu schweben im Scherz.
Wir streben, o Brüder, mit ehernem Sinn
Auf Fluten und Abgrund das Leben dahin.

Da kommt sie, die Göttin, und schwebet, ein Schwan,
In lieblichen Wellen hinab und hinan,
Gestalt, wie der Juno, mit rosigem Knie;
Die Lüfte, sie fühlen, sie tragen sie.

Im Schimmer des Mondes, im schweigenden Tanz
Wie fließet ihr Schleier, wie schwebet ihr Kranz!
Die liebenden Sterne, sie sanken hinab
Zum Schleier, zum Kranz, der sie liebend umgab.

Sie schwebte vorüber, da klang sie den Stahl,
Da klangen und sangen im himmlischen Saal
Die Sterne: da hat sich errötend ihr Bild
Wohin dort? in silberne Düfte gehüllt.

Wilhelm Müller
1794–1827

Der Liebe Jahreszeit

Draußen tobt der böse Winter,
Und die Blumen, die er knickte,
Malt er höhnisch an die Fenster
Mir in bleichen, starren Bildern.
Winter, stürme nur und brause!
Machst mich doch nicht mehr erzittern.
Denn aus meines Herzens Grunde
Laß ich einen Frühling sprießen,
Den der Schnee nicht kann bedecken,
Den das Eis nicht macht gefrieren,
Einen Frühling, dessen Sonne
Ist das Auge meiner Liebsten,
Dessen Luft und Duft ihr Odem,
Dessen Rosen ihre Lippen,
Und ich schweb als Nachtigall
Drüber hin mit meinen Liedern.

Ludwig Christoph Heinrich Hölty
1748–1776

Winterlied

Keine Blumen blühn,
Nur das Wintergrün
Blickt durch Silberhüllen,
Nur das Fenster füllen
Blümchen, rot und weiß,
Aufgeblüht aus Eis.

Ach, kein Vögelsang
Tönet süßen Klang,
Als die Winterweise
Mancher kleinen Meise,
Die am Fenster schwirrt
Und ihr Liedchen girrt.

Minne flieht den Hain,
Wo die Vögelein,
Finken, Nachtigallen
Ihr so wohl gefallen,
Minne flieht den Hain,
Kehrt ins Zimmer ein.

Alles Kummers bar,
Werden wir fürwahr,
Unter Minnespielen,
Deinen Frost nicht fühlen,
Kalter Januar;
Walte immerdar.

Joseph Victor von Scheffel
1826–1886

Primula Veris

Der Winter haust gar strenge,
Hat alle Blumen entführt,
Fast scheint's, er hätte dich selber
Mit seinem Hauch berührt.

Doch laß dein Herz nur glühen
In frischer Luft umher,
Dann ist's, als ob der Frühling
Schon angebrochen wär'.

Und daß wir stets hier innen
Des Lenzes uns können freun,
Des soll dies Frühlingsblümlein
Dir eine Mahnung sein.

Christian Morgenstern
1871–1914

Der Seufzer

Ein Seufzer lief Schlittschuh auf nächtlichem Eis
und träumte von Liebe und Freude.
Es war an dem Stadtwall, und schneeweiß
glänzten die Stadtwallgebäude.

Der Seufzer dacht an ein Maidelein
und blieb erglühend stehen.
Da schmolz die Eisbahn unter ihm ein –
und er sank – und ward nimmer gesehen.

Robert Reinick
1805–1852

Der Schneemann

Steh, Schneemann, steh! –
Und bist du auch aus Schnee,
So bist du doch ein ganzer Mann,
Hast Kopf und Leib und Arme dran
Und hast ein Kleid, so weiß und rein,
Kein Seidenzeug kann weißer sein:
Du stehst so stolz und fest und breit,
Als wär'es für die Ewigkeit. –

Steh, Schneemann, steh! –
Wenn ich dich recht beseh':
So fehlt dir nichts auf weiter Welt.
Du hungerst nicht, sorgst nicht um Geld.
Ich glaub auch, daß dich gar nichts rührt,
Und wenn es Stein und Beine friert;
Der Frost, der andre klappern läßt,
Der macht dich erst recht hart und fest. –

Steh, Schneemann, steh! –
Die Sonne kommt, juchhe!
Jetzt wirst du erst recht lustig sein! – –

Was ist denn das? Was fällt dir ein?
Du leckst und triefst ohn' Unterlaß,
O Schneemann, Schneemann, was ist das?
Das schöne warme Sonnenlicht,
Der Menschen Lust, erträgst du nicht?

Weh, Schneemann, weh!
Du bist doch nichts als Schnee!
Dein Kopf war dick, doch nichts darin,
Dein Leib war groß, kein Herz darin
Und das, was andre fröhlich macht,
Hat dir, du Wicht, nur Leid gebracht.
Ich glaub', ich glaub, manch Menschenkind
    Ist grade so wie du gesinnt:
    Schnee, nichts als Schnee!

IV

Es muss doch Frühling werden

Siehe, schon nahet der Frühling;
das strömende Wasser verzehret/
Unten, der sanftere Blick
oben der Sonne, das Eis.

Johann Wolfgang von Goethe

Hans Leifhelm
1891–1947

Vom hoffenden Leben

Beim Schmelzen des Schnees, bei den lauen
Lüften des Februar
Wollen wir wieder vertrauen
Auf das grünende Jahr.
Sieh, den Amseln, den kleinen,
Schwillt das singende Herz,
Und an den nackten Rainen
Glänzt die Scholle wie Erz.

Schau des Landmanns Beginnen,
Der Schnee um den Obstbaum häuft,
Daß nicht zu früh nach innen
Lösend das Tauwasser träuft,
Daß nicht aus ruhendem Schweigen
Aufbricht, was nicht gedeiht,
Und die Säfte nicht steigen
In der gefährdeten Zeit.

Nichts ist auf Erden verloren,
Was wir dem Leben getan.
Darum sind wir geboren,
Daß wir auf unserer Bahn

Dienen dem hoffenden Leben
Zu des Gestirnes Ruhm,
Das uns zu Lehen gegeben,
Doch nicht zum Eigentum.

Johann Wolfgang von Goethe
1749–1832

Mut

Sorglos über die Fläche weg,
Wo vom kühnsten Wager die Bahn
Dir nicht vorgegraben du siehst,
Mache dir selber Bahn!

Stille, Liebchen, mein Herz,
Kracht's gleich, bricht's doch nicht!
Bricht's gleich, bricht's nicht mit dir!

Friedrich Wilhelm Weber
1813–1894

In der Winternacht

Es wächst viel Brot in der Winternacht,
Weil unter dem Schnee frisch grünet die Saat;
Erst wenn im Lenze die Sonne lacht,
Spürst du, was Gutes der Winter tat. –
Und däucht die Welt dir öd und leer,
Und sind die Tage dir rauh und schwer:
Sei still und habe des Wandels acht:
Es wächst viel Brot in der Winternacht.

Friedrich Rückert
1788–1866

Wenn der Tag mit bleichem Scheine

Wenn der Tag mit bleichem Scheine
Blaße Halbgestalten nur
Zeigt, die abgelaubten Haine
Und die graubereifte Flur,

Dann bei Nacht im engen Zimmer,
Wenn die Schöpfung draußen schwand,
Doch, erregt vom Kerzenflimmer,
Spielt ein Schatten an der Wand –

Aber, nach gelöschten Kerzen,
Wenn der Schlaf das Lager flieht,
Und in den zerfloßnen Schwärzen
Keinen Halt das Auge sieht:

Dann erwach, o Licht von innen,
Wie ein Frühlingsmond im Ost,
Und den nachtverstörten Sinnen,
Phantasie, schaff einen Trost!

Wirk ein Aetherluftgebilde,
Dessen Glanz die Seel' umschmiegt,
Und, entrückt in Traumgefilde,
Sie in heitre Ruhe wiegt.

Was ich zwischen Schlaf und Wachen
So gedichtet in der Nacht,
Soll mir hell den Morgen machen,
Wenn er nochso trüb erwacht.

Georg von der Vring
1889–1968

Die Finken

Flocke bei Flocke
Fällt in die Birken.
Immer leb ich
In Winterbezirken.

Aber die Finken
Unter den Tannen
Leben als Funken
Und fliegen von dannen.

Fall ich in Schnee,
Weil ich's nicht achte,
Schwirrn sie zweigüber
Und schaukeln sachte;

Wollen wohl meine
Narrheit beäugen,
Vielleicht beschönigen,
Oder bezeugen.

Heinrich Heine
1797–1856

Ein Fichtenbaum steht einsam

Ein Fichtenbaum steht einsam
Im Norden auf kahler Höh.
Ihn schläfert; mit weißer Decke
Umhüllen ihn Eis und Schnee.

Er träumt von einer Palme,
Die fern im Morgenland
Einsam und schweigend trauert
Auf brennender Felsenwand.

Annette von Droste-Hülshoff
1797–1848

Winter

Aus Schneegestäub und Nebelqualm
Bricht endlich doch ein klarer Tag;
Da fliegen alle Fenster auf,
Ein jeder späht, was er vermag.

Ob jene Blöcke Häuser sind?
Ein Weiher jener ebne Raum?
Fürwahr, in dieser Uniform
Den Glockenturm erkennt man kaum.

Und alles Leben liegt zerdrückt,
Wie unterm Leichentuch erstickt.
Doch schau! An Horizontes Rand
Begegnet mir lebend'ges Land!

Du starrer Wächter, laß ihn los,
Den Föhn aus deiner Kerker Schoß!
Wo schwärzlich jene Riffe spalten,
Da muß er Quarantäne halten,
Der Fremdling aus der Lombardei:
O Säntis, gib den Tauwind frei!

August Heinrich Hoffmann von Fallersleben
1798–1874

Schneeglöckchen

Schneeglöckchen, ei, du bist schon da?
Ist denn der Frühling schon so nah?
Wer lockte dich hervor ans Licht?
Trau doch dem Sonnenscheine nicht!
Wohl gut er's eben heute meint,
Wer weiß, ob er dir morgen scheint?

»Ich warte nicht, bis alles grün;
Wenn meine Zeit ist, muß ich blühn.
Der mich erschuf für diese Welt,
Heißt blühn mich, wann es ihm gefällt;
Er denkt bei Schnee und Kälte mein,
Wird stets mein lieber Vater sein.«

Wilhelm Lehmann
1882–1968

Februarmond

Ich seh den Mond des Februar sich lagern
Auf reinen Himmel, türkisblauen.
In wintergelben Gräsern, magern,
Gehn Schafe, ruhen, kauen.

Dem schönsten folgt der Widder, hingerissen.
Die Wolle glänzt, gebadete Koralle.
Ich weiß das Wort, den Mond zu hissen,
Ich bin im Paradiese vor dem Falle.

Marie Luise Kaschnitz
1901–1974

Februar

Schneeschmelze kommt, die noch keinen Frühling
bedeutet
Mit veilchenblauen Schatten grellen Flammen
Der Weidenbüsche überm schwarzen Schnee.
Noch nichts von Umkehr nichts von Wiederkehr
Weit draußen des Gestirns. Unstete Zeit
Da keiner keinem mehr gehören will
Nur den saugenden Wirbeln des Wassers unter der Erde
Treppab wo niemals früher Treppen waren
Aufforderung zum Tanz, zu welchem Fest?
Gelobt sei der Rausch, der noch keine Liebe bedeutet
Nur das Ding, das dich ansieht mit Augen, der Tiersprung
zwischen den Tischen
In den Heizungsröhren gurgeln Ertrinkende
Unter der Erde geht uns die Sonne auf
Wie süß wie fremd klingt im Bereich der Toten
Das Alletagelied –

Erich Kästner
1899–1974

Der Februar

Nordwind bläst. Und Südwind weht.
Und es schneit. Und taut. Und schneit.
Und indes die Zeit vergeht,
bleibt ja doch nur eins: die Zeit.

Pünktlich holt sie aus der Truhe
falschen Bart und goldnen Kram.
Pünktlich sperrt sie in die Truhe
Sorgenkleid und falsche Scham.

In Brokat und seidnen Resten,
eine Maske vorm Gesicht,
kommt sie dann zu unsren Festen.
Wir erkennen sie nur nicht.

Bei Trompeten und Gitarren
drehn wir uns im Labyrinth
und sind aufgeputzt wie Narren,
um zu scheinen, was wir sind.

Unsre Orden sind Attrappe.
Bunter Schnee ist aus Papier.
Unsre Nasen sind aus Pappe.
Und aus welchem Stoff sind wir?

Bleich, als sähe er Gespenster,
mustert uns Prinz Karneval.
Aschermittwoch starrt durchs Fenster.
Und die Zeit verläßt den Saal.

Pünktlich legt sie in die Truhe
das Vorüber und Vorbei.
Pünktlich holt sie aus der Truhe
Sorgenkleid und Einerlei.

Nordwind bläst. Und Südwind weht.
Und es schneit. Und taut. Und schneit.
Und indes die Zeit vergeht,
bleibt uns doch nur eins: die Zeit.

Joachim Ringelnatz
1833–1934

Flugzeug am Winterhimmel

Ich fliege im Flockengewimmel.
Ach, guter Himmel, laß das doch sein!
Ich Flugriese bin nur klein Vögelein
Gegen dich, schüttender Himmel.

Sag Schneegestöber, ich bäte es sehr,
Ein wenig nachzulassen.
Denn meine Flügel tragen schon schwer
An sechs ganz dicken Insassen.

Die spielen Karten in meinem Leib
Und trinken, weil sie so frieren.
Und wollen nach Zoppot, um Zeitvertreib
Und Örtliches zu studieren.

Und käme ich dort nicht pünktlich hin,
Die würden es niemals verzeihen.
Lieber Himmel, wenn ich gelandet bin,
Dann darfst du gern wieder schneien.

Klabund
1890–1928

Der Dichter im Winter

Die Stadt in Schnee und kühlem Mondlicht liegt.
Die Schlitten schweben und der Nordwind schweift.
Soldaten gehen glitzernd und bereift,
Und Frauen sind in Pelze eingeschmiegt.

Wo winkt ein Fasching, daß du dich entlarvst?
Bewahr dein heißes Herz zu eigener Tat
Und hoffe, daß ein holder Frühling naht,
Wo du es wieder allen zeigen darfst ...

Philipp Otto Runge
1777–1810

Zur Begleitung der Tageszeiten. Fragment

Erst lag der Schnee noch weiß auf lichten Höhen,
Das Wasser und der Tau noch starr in Eis.
Nun fließt der Bach; in Fluß und klaren Seen
Erflimmert's hell bei warmem sanftem Wehen,
Auch sind die fernen Berge nicht mehr weiß.
Es ist des Winters Zeit, die Nacht, vergangen,
Der Erde finstrer Schoß hat nun den Tag empfangen.

In blauer Luft will schon der Vogel singen,
Und grün bedeckt sich rings das weite Feld.
Aus Zweigen wollen Blatt und Blüte dringen:
Des Menschen Herz, es möcht im Busen springen,
Er fühlet die Geburt der neuen Welt.
Sie kommt, die Zeit, da Blum' und Blüten sprießen,
Die Farben überall, ihm unverständlich, grüßen.

Und blühen erst die Bäum' an allen Zweigen,
Manch Blümlein freundlich aus der Erde sieht,
Die Glöcklein duftend ihre Köpfchen beugen,
Sich Blumen bunt in Wald und Wiese zeigen,
Bis uns die Rose durch die Seele glüht:
Gestillt ist da des Herzens stumm Verlangen,
Wenn Farben duftend als auf ein: *Es werde!* prangen.

Richard Dehmel
1863–1920

Hoffnung

Es ist ein Schnee gefallen,
hat alles Graue zugedeckt,
die Bäume nur gen Himmel nicht;
bald trinkt der Schnee das Sonnenlicht,
dann wird das alles blühen,
was unter unsern Bäumen jetzt
kaum Wurzeln streckt.

August Heinrich Hoffmann von Fallersleben
1798–1874

Fastnacht

Jetzt hebt der Frühling an,
Des Jahres tolle Lustbarkeit,
Und wer kein Narr sein kann,
Der ist auch nicht gescheit.
Die Maske vor, lauf ich herum
  Als Geck, als Geck,
Ich fopp und necke jedermann:
  Das eben ist mein Zweck.

So mancher läuft das Jahr
Allüberall als Narr herum
Und denkt, daß er's nie war –
Das ist erschrecklich dumm.
Drum sag ich ihm vor aller Welt
  Ganz keck, ganz keck:
Willkommen, lieber Herr Kolleg!
  Willkommen, Bruder Geck!

Wenn ich mich täusche nicht,
So ist die Welt der Narren voll,
Nur daß man's ins Gesicht
Nie sagen darf und soll.

Der Fasching macht die Narren nicht,
O nein! O nein!
Sie finden sich zu jeder Zeit
Auch ohne Fasching ein.

Albrecht Goes
1908–2000

Nach schwerem Winter

Ob dir gleich in winterwährend
Dunkler Welt den Sinn versehrt
Schwermut, die der süßen Hoffnung
Flügelschlag und Flug verwehrt,

Ob der Hall vom Schrei der Krähen
Dir im Ohr noch, lang und bang,
Und aus Nächten, vieldurchwachten,
Klagender, des Windes Klang –

Ach das Herz, es mild zu trösten,
Ist das Kleine groß genug:
Eine gelbe Krokusblüte,
Einer Wolke Frühlingszug.

Emanuel Geibel
1815–1884

Hoffnung

Und dräut der Winter noch so sehr
Mit trotzigen Geberden,
Und streut er Eis und Schnee umher,
Es muß *doch* Frühling werden.

Und drängen die Nebel noch so dicht
Sich vor den Blick der Sonne,
Sie wecket doch mit ihrem Licht
Einmal die Welt zur Wonne.

Blast nur ihr Stürme, blast mit Macht,
Mir soll darob nicht bangen,
Auf leisen Sohlen über Nacht
Kommt doch der Lenz gegangen.

Da wacht die Erde grünend auf,
Weiß nicht, wie ihr geschehen,
Und lacht in den sonnigen Himmel hinauf,
Und möchte vor Lust vergehen.

Sie flicht sich blühende Kränze in's Haar,
Und schmückt sich mit Rosen und Ähren,
Und läßt die Brünnlein rieseln klar,
Als wären es Freudenzähren.

Drum still! Und wie es frieren mag,
O Herz, gib dich zufrieden;
Es ist ein großer Maientag
Der ganzen Welt beschieden.

Und wenn dir oft auch bangt und graut,
Als sei die Höll' auf Erden,
Nur unverzagt auf Gott vertraut!
Es muß *doch* Frühling werden.

Zu dieser Ausgabe

Wenngleich Klabunds Gedicht »Winterschlaf« mit den Zeilen anhebt: »Indem man sich nunmehr zum Winter wendet, hat es der Dichter schwer« und den Mangel an Requisiten beklagt, so zeigt die Dichtkunst über Jahrhunderte hinweg, daß auch diese letzte Jahreszeit reichlich poetischen Stoff bereithält. Ob dieser Fülle bleiben dem Sammler nur die subjektive Auslese und die Hoffnung, mit Vertrautem und weniger Bekanntem Freude in einen Wintertag zu bringen.

Etwa hundert Gedichte aus der deutschsprachigen Lyrik, ausgehend von der Barockzeit bis in die Gegenwart, bieten ein poetisches Kontrastprogramm zur vorweihnachtlichen Hektik, laden zum Lesen oder Vorlesen ein, wenn die Tage kürzer werden und vielleicht »der Schnee ans Fenster fällt«.

Noch ist es nicht soweit, doch der Winter schickt seine Vorboten. Die herbstlichen Nebel verdichten sich, dann legt sich Rauhreif auf Flur und Gärten. Der Herbstflor verabschiedet sich, das Gezwitscher der Vögel verstummt: Eine Zeit der Stille kündigt sich an. Unübersehbar markiert dann der erste Schneefall den Einzug der vierten Jahreszeit. Die weißen Flocken, die sich sanft oder stürmisch über Stadt und Land verbreiten, sind alle Jahre wieder ein Signal für Jung und Alt, daß nun der Winter da ist: Heiß ersehnt von den Kindern, die endlich ihre Schlitten und Schlittschuhe erproben können, mit freudigen Erinnerungen oder melancholischer Nachdenklichkeit verbunden für die Erwachsenen, die wissen, daß nun lange Nächte und klirrende Kälte drohen.

Doch die immer dunkler werdende Welt des Dezembers wird im zweiten Kapitel durch das Herannahen des Weihnachtsfestes erhellt. Alles »wächst entgegen,/der einen Nacht der Herrlichkeit« heißt es in Rilkes »Advent«-Gedicht. Bevor am glänzend geschmückten Baum aber die Lichter brennen, stapft Theodor Storms »Knecht Ruprecht« »durch den finstern Tann« und verteilt seine Nikolaussäcklein. Fast muß man es bedauern, daß nur einige Kostproben aufgenommen werden konnten, in denen die Verzauberung der Dichter rund um die Wundernacht festgehalten ist. Bald aber scheint schon der Silvestermond durch das Eisblumenfenster herein, und mit Schillers »Punschlied«, einem »Spruch für die Silvesternacht« von Erich Kästner und Goethes Neujahrsversen klingt das alte Jahr aus.

Dem feierlichen Aufbruch mit Glockengeläut ins neue Jahr folgt das Fest der Heiligen Dreikönige. Mit Maria Lichtmeß am 2. Februar endet der Weihnachtszyklus.

Doch im Januar läßt sich der Winter nicht vertreiben. Viele Menschen erleben ihn gerade jetzt als mächtigen Gesellen, denn, um mit Heine zu sprechen »Die Kälte kann wahrlich brennen/Wie Feuer«. Allerdings ist es jetzt auch die beste Zeit, um Schneemänner zu bauen: »Der Winter ist ein rechter Mann,/Kernfest und auf die Dauer«, erzählt uns Matthias Claudius. Wie viele der bekannten Gedichte ist auch dieses vertont, die Melodie stammt von Johann Friedrich Reichhardt aus dem Jahre 1797.

Mit den Schneeglöckchen, dem Tauwind und der Schneeschmelze im Februar kündigt sich die »Geburt der neuen Welt« an und die Aussicht auf einen »großen Maientag«.

Die Beziehung zwischen Mensch und Natur bleibt bei allen hier versammelten Gedichten der Ausgangspunkt. Obwohl der Winter oft gleichnishaft für das Alter und den Tod steht, ist er doch immer verwoben mit der Aussicht auf einen neuen oder »ewigen« Frühling. Der Vergänglichkeit allen irdischen Lebens wird die hoffnungsfrohe Gewißheit einer Auferstehung neuen Lebens gegenübergestellt.

Vielleicht vermag dieser kleine Gedichtreigen dazu anregen, sich wieder auf die stille Feierlichkeit der Natur einzulassen, um sie mehr zu schätzen »als den Flitterprunk, und das Gedränge der Stadt, von der die Ruhe wich«. Diese Winterlust, die schon Ludwig Hölty im 18. Jahrhundert besingt, kann noch heute empfunden werden – vielleicht bei den Versen von Theodor Fontane:

Alles still! Es tanzt den Reigen
Mondenstrahl in Wald und Flur,
Und darüber thront das Schweigen
Und der Winterhimmel nur.

Quellennachweis

Johannes Robert Becher (1891–1958)
Weihnacht 66
In: Gesammelte Werke. 18 Bände (Hrsg. vom Johannes-R.-Becher-Archiv der Deutschen Akademie der Künste zu Berlin); Band 6: Gedichte 1949–1958. © Aufbau Verlagsgruppe GmbH, Berlin 1973 (Das Werk erschien erstmals 1973 im Aufbau-Verlag; Aufbau ist eine Marke der Aufbau Verlagsgruppe GmbH)

Gottfried Benn (1886–1956)
Rauhreif 9
In: Sämtliche Werke. Stuttgarter Ausgabe. Band 1: Gedichte 1. In Verb. m. Ilse Benn hrsg. v. Gerhard Schuster. Klett-Cotta, Stuttgart 1986

Johannes Bobrowski (1917–1965)
Dezember 58
In: Gesammelte Werke in sechs Bänden. Zweiter Band. © 1998 Deutsche Verlags-Anstalt, München, in der Verlagsgruppe Random House GmbH

Barthold Hinrich Brockes (1680–1747)
Wintergedanken 35
In: Irdisches Vergnügen in Gott [...] Hamburg 1721

Wilhelm Busch (1832–1908)
Der Stern 70
In: Gesammelte Werke in sechs Bänden. Band VI. Stuttgart 1982

Marie Luise Kaschnitz (1901–1974)

In: Gesammelte Werke in sieben Bänden. Fünfter Band: Die Gedichte. © Insel Verlag, Frankfurt am Main 1985

Gottfried Keller (1819–1890)

In: Gottfried Kellers Werke. Erster Band. Gedichte. Berlin [o.J.]

Johann Gottfried Kinkel (1815–1882)

In: Wunder der Weihnacht. Ein nie verlorenes Paradies in Gedicht, Lied und Erzählung. Hrsg. von Georg Kemper. Heidelberg, Waibstadt [o.J.]

Klabund (Alfred Henschke) (1890–1928)

In: Das Leben lebt. Gedichte. Ausgewählt und herausgegeben von Joseph Kiermeier-Debre. München 2003 (dtv 20641)

Gottfried Kölwel (1889–1958)

In: Prosa. Dramen. Verse. Band 3. © 1964 by LangenMüller in der F. A. Herbig Verlagsbuchhandlung GmbH, München

Wilhelm Lehmann (1882–1968)

In: Gesammelte Werke in acht Bänden. Hrsg. von Agathe Weigel-Lehmann u. a. Band 1: Sämtliche Gedichte. Hrsg. von Hans Dieter Schäfer. Klett-Cotta, Stuttgart 1982

Georg von der Vring (1889–1968)

In: Die Gedichte. Gesamtausgabe der veröffentl. Gedichte und eine Auswahl aus dem Nachlass. Hg. von Christiane Peter und Kristian Wachinger. © Langewiesche-Brandt, Ebenhausen bei München 1989

Friedrich Wilhelm Weber (1813–1894)

In: Der deutsche Spielmann. München 1910